Alma herida

"*Toda a emoção verdadeira é mentira na inteligência, pois se não dá nela, toda a emoção verdadeira tem portanto uma expressão falsa. Exprimir-se é dizer o que não se sente.*" - **Fernando Pessoa**

"*Não o amor, mas os arredores é que vale a pena*" - **Fernando Pessoa**

"*Há quem diga que é na diferença que marcas a tua presença. Mas como posso marcar presença, se por causa da minha diferença te perdi?... E não tenho culpa de ser diferente...*" - **Zeca Soares**

"O poeta é um fingidor nato. Finge tão bem o seu sofrimento que chega a confundir a mentira do seu sofrimento com a realidade da sua dor..."

Zeca Soares

"Pinto o mar de verde, de azul a Natureza, e o céu de vermelho. De branco pinto a noite o dia de laranja. Sou apenas um pintor daltónico á procura da cor da felicidade..." - **Anónimo**

"Aprende a deixar livre as coisas que mais amas na vida para *que estas não se sintam pressa a ti. Se elas voltarem, foi porque as conquistaste. Se não voltarem foi porque nunca as tiveste..."* -

Fernando Pessoa

"Procuro dizer o que sinto, sem pensar no que sinto. Procuro encostar as palavras á ideia, e não precisar dum corredor de pensamento para as palavras - **Alberto Caeiro** *(Heterónimo de* **Fernando Pessoa**)

"A minha alma é simples e não pensa" - **Alberto Caeiro**

"Este livro é só um estado de alma, analisado de todos os lados e percorrido em todas as direcções..." - *Fernando Pessoa*

"Amar é cansar-se de estar só. É uma cobardia portanto, e uma traição a nós próprios. Importa soberanamente que não amemos."

- *Fernando Pessoa*

O poeta é um fingidor

Finge tão completamente

Que chega a fingir que é dor

A dor que deveras sente

E os que lêem o que escreve

Na dor lida sentem bem

Não as duas que ele teve

Mas só a que eles não têm

E assim nas calhas da roda

Gira a entreter a razão

Esse comboio de corda

Que se chama coração

"Autopsicografia" - Fernando Pessoa

Dizem que finjo ou minto

Tudo o que escrevo. Não!

Eu simplesmente sinto com a imaginação

Não uso o coração

Tudo o que sonho ou passo

Tudo o que me falha ou finda

É como que um terraço

Sobre outra coisa ainda

Essa coisa é que é linda

Por isso escrevo em meio

Do que não está ao pé

Livro do meu enleio

Sério do que não é

Sentir? Sinta quem lê...

"Isto" - Fernando Pessoa

Prefácio

Encontrámo-nos em vésperas de Outubro de 1998. Vivia eu a euforia galopante, e sôfrega de trazer à vida o meu primeiro livro, urdido pela dor de um nem sempre fingimento, pelo sangue doente de uma nem sempre alegria de viver. Curiosamente, algum tempo depois deambulávamos pelas ruas de Angra do Heroísmo, onde nascem enfeitadas de varandas as casas que passeiam vagarosamente a tez pálida da cal, envelhecida pelo tempo. Nesse curta viagem precipitada de passos largos, o Zeca fez-se parar defronte à ombreira da porta nr 52 da Rua de Santo Espírito. Sem dizer nada, subi a escadaria de madeira que me levou a um minúsculo quarto, com duas pequenas janelas olhando, do topo do telhado, a cidade. De certa forma, senti-me novamente em casa. Este fora também o meu quarto algum tempo antes. Rimo-nos da coincidência. Falou-se de sonhos, vontades, de sofrimento. De luta!... O Zeca retirou da sua gaveta uma modesta colecção de borboletas. Lembro-me que, em criança, esses eram os meus "pássaros" predilectos. Nascia então em mim a certeza de estar perto um ser dotado de um espírito diferente, questionador da vida e da essência das coisas. No entanto confesso que me deixo convencer que na vida nada acontece por acaso. Hoje, cinco anos volvidos, encontramo-nos novamente, e tenho a dizer agora que o Zeca, depois de ter vivido a condição de "lagarta", também se tornou um ser "voante". Terão sido aqueles momentos um prelúdio?!... Entendo que **"Alma ferida"** é a seda mais pura de um casulo que gerou um novo ser. Dele nasce a essência que fora perdida. Lágrimas que superaram as contradições do Amor. Não responderei a nenhuma pergunta. Não direi nada que um simples olhar inocente não encontre. Terá o Zeca ressuscitado?... De tudo o que disse, e de tudo o que fica por dizer, importa saber que amar alguém é também saber amarmo-nos. E que apenas o Amor nos define.

Angra do Heroísmo, 21 de Agosto de 2003

Paulo Freitas

*(Dedicado a **Renato Marques** - Pintor Surrealista)*

Mensagem

Tua essência transcende o Ser

Entra numa realidade diferente

Num mundo onde não existe sofrer

Talvez no meio da tua mente

Teu realismo deveras agonizante

Faz-me transportar para outra realidade

Pois essa em que vivemos é atemorizante

E dela não sinto saudade

Então em teus quadros me atiro

E quase que não respiro

Ao alcançar a utopia da imagem

Oh meu Amigo tenta perceber

Já tu próprio transcendeste teu Ser

Percebes essa minha mensagem?...

Alguém...

Amiga, neste momento onde estás?

Que não te vejo em nenhum instante?

Só tu trazes uma doce paz

A este teu judeu errante

Às vezes a poesia não é suficiente

Para me compreender a mim

Então guardo em minha mente

Tudo o que representas para mim enfim

És nascer do sol, és madrugada

Eu sou apenas pó na beira da estrada

E sem ti não sou ninguém

Quisera eu que pudesses entender

Que só tu compreendes meu sofrer

Pois tu, sim, És Alguém...

Minha imensa mágoa

Mergulhei dentro do meu ser

Vagueei nos meus pensamentos e emoções

E acabei por me perder

Numa das muitas desilusões

Numa das muitas desilusões que encontrei

Teu nome estava lá escrito

Se soubesses o quanto chorei

Até cheguei a soltar um grito

Grito de desespero e dor

Por ter perdido um louco amor

E em minhas lágrimas me afoguei

Nelas afogado morri mas renasci

Para viver de novo o que vivi

E ter a certeza do quanto chorei...

Desabafo de uma dor...

Na desilusão me encontrei

E numa dor me perdi

Se soubesses o quanto chorei

Só eu sei o que sofri

Sofria por tudo e por nada

Vagueei no vazio do meu ser

E hoje caminho só nessa estrada

Perdido na eternidade do sofrer

E sinto-me um "zé-ninguém"

À procura de algo ou alguém

Que me faça de novo acreditar

Que não vale a pena sofrer

Por algo que não me faz crescer

Mas sim por simplesmente amar...

Peregrino da dor...

Derramei uma lágrima sem saber

O motivo nem a razão

Começava assim a história do meu sofrer

Filtrada por uma desilusão

Dor, marasmo e apatia

Acompanham-me em minha vida

Fiz da solidão meu dia a dia

E caí nesse beco sem saída

Atravessei a Praceta da Amargura

Ao perder teu Amor, carinho e ternura

E hoje perdi-me no caminho

E agora pergunto-me o que faço?

E digo sem qualquer embaraço

Sou na dor um pobre peregrino...

Minha visão do Amor...

Mas que posso eu dizer

Se até eu não sei bem?

Mas há algo que não deves esquecer

Um mais um torna-se num alguém

Alguém que se fundiu

De dois passou a ser um

Alguém que te sorriu

E que como ele não há nenhum

É isso a fusão do Amor

E não há mágoa, não há dor

Nem lágrimas de incerteza

Tudo é magia, é céu, é sentimento

E amas sem qualquer ressentimento

E esqueces a palavra tristeza...

Quem eu sou?...

Na irrealidade do existir

Minha alma lá deixei

Lá enterrei meu sorrir

E lá tanto que chorei

Um dia meu sorriso me tiraram

E hoje já não sei o que hei-de fazer

Noites em vão se passaram

E aos poucos comecei a sofrer

Quero recuperar mas não consigo

Deus mas que raio se passa comigo?

Porque tanto alguém me magoou?

Apenas gostava de novo sentir

O prazer de novo sorrir

Mas já nem sei quem eu sou...

Perder-me sentindo...

Fiz uma viagem ao interior de mim

Percorri universos e diferentes mundos

Fui ao princípio do meu fim

Vivi e senti sentimentos profundos

Minhas emoções se chocaram

Meu ser quase que asfixiou

E as lágrimas que meus olhos derramaram

Fizeram-me perder a noção de quem eu sou

E hoje não conheço minha identidade

Vou ter de sair dessa realidade

E afogar-me em meus pensamentos

Para neles poder matar

Essa dor que me está a rasgar

E perder-me nos meus sentimentos...

Amor...

Perguntaram-me o que era o Amor

E lembro-me que não soube responder

Mas alguém um dia referiu que era uma dor

Uma dor que arde sem se ver

Dor que desatina e que sente

O quanto faz alguém sofrer

Uma dor que te dói mas que não te mente

E é o que é essencial ao teu Ser

Depois de ouvir essa explicação

Deu um enorme pulo meu coração

E saboreei uma doce dor

Olhei para essa pessoa e a abracei

E lembro-me que umas lágrimas derramei

E finalmente conheci o Amor...

Meu desabafo...

Se apenas te pudesse dizer

Toda a dor que vai em mim

Talvez me livrasse desse meu sofrer

Que me consome dia a dia enfim

Mas que posso eu fazer

Se essa dor não me quer largar?

Hei-de com ela viver

Hei-de com ela chorar

E chorando hei-de crescer

E crescendo hei-de voar

E voando hei-de ver

Tudo o que eu não consigo alcançar

E vendo o que não consigo alcançar

Talvez consiga perceber

A maneira para parar de chorar

A maneira para parar de sofrer...

Ânsia do esperar...

Neste meu sentir ardente

Guardo uma mágoa escondida

Conservo-a noite e dia em minha mente

Quero recuperar minha essência perdida

Essência perdida quando perdi

Aquele lindo e louco Amor

Se soubesses o que senti

Ainda hoje guardo essa dor

Dor que me consome constantemente

Estou preso nessa mágoa eternamente

Mas dela um dia hei-de me libertar

Mas até lá eu vou vivendo

E nesta mágoa vou morrendo

Nesta ânsia do esperar...

Tu...

Tu...

Que me deste a conhecer o Amor

Que me ensinaste a sorrir

Deste-me também a conhecer a dor

De um dia te ver partir

Tu...

Que tanto me fizeste feliz

Tanto também me fizeste chorar

E o que sinto a ninguém se diz

Não quero mais voltar a amar

Tu...

Onde andas? Quero saber

Será que sofres com minha ausência?

Será que andas também a sofrer?

Também ficaste ferida em tua essência?

Tu...

Apesar de tudo não te odeio

Não te desprezo, não te engano

Mas o que fizeste foi tão feio

Digno de um doce desengano

Tu...

Que fugiste para não amar

O amor há-de te perseguir

E chegarás também a chorar

E sentirás o que cheguei a sentir

Mas tu...

Tu...

Deserto de emoções...

Está tanto frio lá fora

E a chuva bate forte na minha vidraça

E o que faço eu aqui agora?

Aqui sem saber o que se passa?

Mas se pensar é não saber

E se saber é não pensar

Como posso eu não sofrer

Com esse pensamento que me está a matar?

Então divago em meus pensamentos

Vagueio nos meus sentimentos

E perco-me nas minhas sensações

E a chuva que bate na janela me chama
E o vento traz uma voz que me clama:
Sou o teu Deserto de Emoções...

Solidão escolhida...

Tive no passado um grande Amor
Mas no meu passado ele ficou
Pois tão grande foi a dor
Que ele infelizmente me deixou

Então decidi seguir o meu caminho
E deixar para trás a infelicidade
E hoje vagueio perdido mas sozinho
E desse Amor não sinto saudade

A saudade me fez sofrer

Mas também me fez entender

Que existem becos sem saída

Antes viver só e não passar

O que tanto me fez chorar

Antes viver nessa minha solidão escolhida...

Se eu pudesse...

Se eu pudesse te dizer tudo o que sinto

E também tudo o que senti

Saberias que não te minto

Pois fui eu que te perdi

Te perdi para me encontrar

E acabei por me perder

E agora como consigo em achar?

Me achar sem não sofrer?

Pois é! Talvez não seja capaz

Perderia de novo minha paz

E mesmo que eu quisesse

Te contar o quanto sofri

E confessar-te tudo o que não vivi

Era impossível. Se ao menos eu pudesse...

A morte dos sentidos...

Ah, quisera eu que pudesses sentir

Essa dor que rasga meu ser

Ai saberias que por vezes o sorrir

É outra forma de sofrer

Choro, sofro, grito

É essa maldita dor que não sai

Dor projectada no meu infinito

E do meu Ser solta-se mais um "Ai"

Suspiro gravado dentro de mim

Porque tinha de ser assim?

Andamos os dois no cosmos perdidos

E por mais que tente explicar

Só eu, e apenas eu, sei chorar

Essa minha morte dos sentidos...

Nessa viagem...

No interior do meu Ser

Mais uma viagem eu fiz

Novos rumos a percorrer

E o que senti a ninguém se diz

Também como se pode dizer

Aquilo que não se consegue explicar?

Mas é algo que te faz conhecer

Aquilo que não consegues contar

Nessa viagem de puro conhecimento

Não há lugar para o pensamento

Mas sim apenas para o "sentir"

Pois pensando não consegues chegar

Onde o "sentir" te consegue levar

E nunca chegas a sorrir...

Amor perdido...

Ah!... Quisera eu simplesmente dizer

O que na minha alma estou a sentir

Minhas lágrimas a escorrer dentro de meu ser

Nessa minha estranha forma de sentir

Estranha forma de sentir

Estranha forma de pensar

Que aos poucos me está a consumir

Que aos poucos me está a matar

Quero sentir mas já não sou capaz

Pois houve alguém que roubou minha paz

E hoje sou pássaro que voa de coração ferido

E mesmo que conseguisse te contar

Nunca conseguiria dessa mágoa me libertar

Pois guardei em mim esse amor perdido...

O princípio do fim...

Sá Carneiro disse um dia:

"Apenas quero que me deixem em paz"

Deus até parece que ele sabia

O descanso que essa frase me traz

Mas a paz não é algo compatível

Quando simplesmente não amas

Assim é simplesmente impossível

E a ti, e só a ti, enganas

Ah, se o pudesse ter conhecido

Talvez ele me tivesse entendido

E tivesse até pena de mim

Perdi aquela que mais amava

E sem saber o que se passava

Já era o princípio do meu fim...

O que um poeta sente...

Quem sou eu para explicar

O que um poeta consegue sentir?

É um não querer mais acordar

É um querer eternamente dormir

Sim... Não quero mais acordar

Quero eternamente dormir

Já não sou capaz de amar

Roubaram-me a capacidade de sentir

Hei-de dormir na utopia e na dor

O que faço com esse Amor

Que tanto me fez sofrer?

Queria apenas me libertar

E a Deus poder perguntar:

Vale a pena ser ou não ser?...

O mundo da fantasia...

Schiuuu... Ouve... Não conseguiste ouvir?

A sério que não ouviste?

Era uma nova lágrima a cair

Lágrima que cai desde o dia em que partiste

Partiste para nunca mais voltar

O que foi que me fizeste?

Só queria parar de chorar

Diz-me: Como foi que tu pudeste?

Quero! Quero me libertar dessa dor

E esse esquecer esse malvado Amor

Que tanto me fez sofrer um dia

Quero minha essência recuperar

Bater asas e finalmente poder voar

Para o mundo da fantasia...

Viver nesse imenso frio...

A arte... Forma dum pintor se exprimir

Duma estrela no vazio a vaguear

Dum poeta chorando por sentir

Sua dor no seu cosmos a divagar

Ai... Encontrei-te dentro de mim

E transformei-me no Poeta da Dor

Cheguei a pensar que tudo isso tinha um fim

Sou um Anjo Caído por esse malvado Amor

Deixei fluir minha imensa mágoa

E com meus olhos rasos de água

Fui nadando nesse imenso vazio

E agora que já nada interessa

Não há nada que me impeça

De viver nesse imenso frio...

O auge da dor...

Antes viver nesse imenso frio

Do que viver esse malvado Amor

Estou carente, só e com frio

Sou aquele que chama de Poeta da Dor

A dor disse-me "Olá" um dia

E disse "olá" também

Hoje recordo com uma doce nostalgia

Essa minha viagem ao Além

Além do meu Ser e do meu Eu

Passei do limite do que era meu

E perdi toda a vergonha, todo o pudor

Ah... Gritei pela imensidão do Universo

Tenta perceber esse meu desesperado verso

Sou aquele que vive no auge da dor...

Incerteza...

Queria ao mundo poder gritar

E explicar essa minha dor

E aos quatro ventos poder espalhar

Porque magoou tanto esse Amor

Abria minhas asas ao vento

Na esperança de bem alto voar

E esse meu sentimento

A ti poder levar

Tu, que agora me estás a ler

Tenta apenas, e unicamente, perceber

E senta tua alma e coração á mesa

E com meus olhos rasos de água

Vou-te confessar minha imensa mágoa

Nesse mar da minha eterna incerteza...

Na impaciência dum atraso...

Nunca me prometeste teu amor

Prometeste apenas que irias pensar

Se valeria a pena mexer na dor

De um dia voltar a amar

Impacientemente esperei

Pela resposta que nunca me deste

Pelo vazio do infinito vagueei

Tens noção do que me fizeste?

Fizeste e continuas a fazer

Deixando-me só e a sofrer

Até parece obra do acaso

Não aguento mais esperar

Pois já estou farto de chorar

Na impaciência dum atraso...

Inquietude...

Há quem chame de insegurança

Há quem chame de irreverência

Pois é o cúmulo da esperança

Tentar acabar com o poder da tua ausência

Esperança? Ausência? Que significado têm?

Que diferença fazem no meu entender?

São como aquelas respostas que não vêm

E que nos prendem à arte do sofrer

O saber sofrer é uma arte

E faço dele um baluarte

E crio minha própria atitude

Mas que posso eu fazer

Se é esse o meu eterno sofrer

Ou será a minha simples inquietude?...

Minha dor maior...

Aprendi a sofrer desde criança

E desde muito cedo assimilei

Do que pior do que uma falsa esperança

Foi tudo o que já chorei

Mas chorei porque teve de ser

Tive de aprender a lidar com a dor

Qual artista da arte do bem sofrer

Fiz-me no palco da vida um grande actor

A vida ensinou-me a ser frio

Irracional, estúpido e vazio

E até podia ser bem pior

Mas espero que possas compreender

Que ser artista da arte do bem sofrer

É saber guardar essa minha dor maior...

Me encontrar...

Gostava tanto de te poder dizer

Mas tenho medo que me aches narcisista

Mas humilde como sou em meu ser

Tu bem sabes que não sou pessoa egoísta

E é por ser assim

Que partilho tudo o que sinto

Chego até a ter pena de mim

Por isso por vezes te minto

Mas sinto a necessidade de mentir

Para ter de me descobrir

Para poder parar de chorar

Gostaria de navegar em meu ser

E um dia parar de sofrer

Perder-me para me encontrar...

Amarga dor...

No vazio do infinito mergulhei

Talvez á procura duma explicação

Se soubesses o quanto naveguei

Pelos caminhos da desilusão

Dia e noite ela estava lá

Simplesmente no meu coração se instalava

A dor até não é assim tão má

Apenas não sabia o que se passava

Mas também como posso eu saber

Como sair desse eterno sofrer

E esquecer esse malvado Amor?

Queria apenas poder voar

E em teus braços poder pousar

E libertar-me dessa amarga dor...

Na insustentável leveza do ser...

Milan Kundera já havia dito

Que entre o sonhar e o acontecer

Existe a diferença do infinito

E não basta simplesmente querer

Querer é apenas desejar

E desejar não é fazer

Desejar é apenas sonhar

Falta realizar o poder do querer

Hoje sei o que quero

E tudo o que mais espero

É um dia parar de sofrer

Gostava um dia de bater asas e voar

E o infinito alcançar

Na insustentável leveza do ser...

Até fez Deus chorar...

Pelos abismos da dor

Houve um poeta que se perdeu

Por ter perdido um grande Amor

Por ter perdido tudo o que era seu

Dava dó para ele olhar

Cambaleando pelos caminhos da desilusão

Constantemente pelos cantos a chorar

Rasgando seu pobre coração

Mas esse poeta meteu os joelhos no chão

E do abismo da solidão

Resolveu a Deus se confessar

Tanto que esse poeta chorou

Contando quem e o quê lhe magoou

E até fez Deus chorar...

Salve-me me quem puder...

Queria que compreendessem essa minha dor

E porque tanto ela me magoou

Talvez por ter perdido esse malvado Amor

Acho que até já nem sei o que se passou

Queria esquecer mas não consigo

E ando a vaguear pela tristeza

Deus mas que raio se passa comigo

Quero sair dessa horrível incerteza

E ando a chorar assim sem saber porquê

Pelos cantos perdido e ninguém me vê

Por causa daquela malvada e maldita mulher

Se ao menos me pudesse libertar

E ao mundo o meu grito poder levar

Gritaria: "Por favor, salve-me quem puder"...

Meu teatro de papel

Um dia em minha alma mergulhei

E naveguei pela tristeza em meu ser

Uma grande dor lá encontrei

Nas profundezas do meu sofrer

A dor então dirigiu-se a mim

E perguntou-me se gostava da sua companhia

E apenas lhe respondi assim:
"Sabes o que significa a palavra neurastenia?"

Consegui confundir a dor

E por momentos esqueci aquele amor

Mais amargo do que o fel

Ma um dia a mágoa voltou

E meu ser nela se refugiou

Nesse meu teatro de papel...

Na esquina do tempo...

Ping... Ping... Lá fora a chuva cai

E só quero afogar essa minha dor

Do meu coração solta-se mais um "Ai"

Como esqueço esses malvado Amor?...

Minha essência já perdi

Minhas lágrimas já derramei

Só Deus sabe o que senti

Tens noção do quanto chorei?

Nem todas as lágrimas te poderiam dizer

O quão penoso foi meu sofrer

Com esse inesperado contratempo

Quem me dera bem alto poder gritar

E ao mundo poder explicar

Como fiquei preso na esquina do tempo...

Dói tanto amar assim...

Queria tirar de mim essa dor

E deixar de navegar pelo cosmos do meu ser

Deixar de sofrer por esse malvado Amor

Sair da eternidade desse meu sofrer

Mas como posso eu fugir

E deixar de amargamente chorar?

É essa minha estranha forma de sentir

É essa minha estranha forma de amar...

Ah, quisera eu dizer o que estou a sentir

E finalmente a essa mágoa fugir

Chego até a ter pena de mim

Mas como posso não chorar

E só desejo poder não mais pensar

Como dói tanto amar assim...

O vazio do Absoluto

Tentei no vazio essa dor projectar

Tentei no meu "pequeno mundo" me esconder

Lá estou eu de novo a divagar

Pela eternidade, pelo cosmos do meu ser

Quero! Quero atingir o vazio

E na tua ausência poder chorar

Estou só, carente e com frio

E só queria poder voar

E levaria nas asas do vento a chorar

E no vazio do infinito iria morar

E afogar-me-ia nesse meu luto

Quem sabe deixaria de sofrer

E nos cosmos do meu ser

Finalmente sentiria o vazio da Absoluto?...

Ser ou não ser?...

Shakespeare *disse um dia:*

"Ser ou não ser", eis a questão

E hoje recordo com nostalgia

Essa pergunta ao meu coração

Pergunto a essa minha "caixinha"

O porquê de tanto sofrer?

Porque perdi aquela que era minha

Nessa minha estranha forma de ser?

Ah, mas quisera eu poder mentir

Nessa minha estranha forma de sentir

E de novo poder renascer

Só queria a Deus poder perguntar

Se vale a pena um poeta poder sonhar

Na profunda questão: Ser ou não ser?...

Preso no caminho...

Ah... Quisera eu poder me libertar

Dessa dor que estou a sentir

Bater asas e poder voar

E dessa mágoa poder fugir

Mas quem sou eu para querer

Libertar-me do destino que Deus me deu?

Andar só pelos cantos a sofrer

Por ter perdido tudo o que era meu

Até perdi a noção do Espaço/Tempo

Pois tive pelo caminho um contratempo

Não esperava deveras ficar sozinho

E por mais que me queira libertar

Só eu, e apenas eu, ando a chorar

Por ter ficado preso no caminho...

O último dia...

Será que houve mesmo um último dia?

Ainda estou a tentar acreditar

Que toda essa amarga e louca nostalgia

Foi só por um dia te amar

Até acusei Deus de me ter traído

Se soubesses tudo o que passei

Hoje sou apenas mais uma Anjo Caído

Que perdeu suas asas quando sonhei

Sonhei e ainda hoje quero sonhar

Mas há algo que não me deixa tentar

E de novo vem essa amarga nostalgia

Mas como posso eu não sofrer

Se não consigo simplesmente esquecer

O que aconteceu naquele último dia?...

Asas ao vento...

Abro as asas e lá vou eu

Mergulhar no vazio do meu ser

Passei do limite que era meu

E cai na eternidade do sofrer

Chorei, gritei, mas amei

Sofri mas aprendi a viver

Se soubesses o quanto chorei

Quando tive de te perder

Perdi-te e nem queria acreditar

Que por mais que me quisesse libertar

Nunca me largaria esse sentimento

E agora que tudo já passou

E depois de tudo o que você me magoou

Só quero abrir minhas asas ao vento...

Suicídio lento...

Agora que minha essência perdi

E minhas lágrimas de poeta derramei

Quero que saibas tudo o que senti

Quero que sintas o quanto penei

Aguentei o limite da dor

E ultrapassei o auge do sofrer

Como pode doer tanto o amor?

Nunca cheguei a perceber

Quis libertar-me dessa mágoa

E com meus olhos rasos de água

Perdi, do viver, o meu alento

E por mais que queira esquecer

Como posso eu não sofrer

Se é esse o meu suicídio lento?...

O desprezado...

Sou o desprezado, o sonhador

O que quiseres me chamar

Há já quem me chame de Poeta da Dor

Claro! Como consegui te amar?

Mas foi te amando que sofri

Foi te amando que penei

Foi penando que evolui

E foi evoluindo que voei

Se apenas conheci a dor

E até perdi a noção do Amor

Limitei-me a ser um Homem magoado

Mas que nunca te possas esquecer

Que algo chegaste a conhecer

Com esse a quem chamam de desprezado...

Silêncio sofrido...

Schiuuu... O silêncio... O vazio

Conseguiste? Conseguiste sentir?

Sentiste esse nostálgico frio

Ouviste a lágrima a cair?

O quê? Não me venhas dizer

Que não chegaste o silêncio a ouvir?

Não sabes? Não consegues entender?

Como podes então querer sorrir?

Há sorrisos que se escondem em teu ser

E mesmo que não os possas compreender

É esse o teu bem mais querido

Porque por mais que venhas a chorar

Só conseguirás finalmente te libertar

Quando aceitares esse teu silêncio sofrido...

O poder dos sentidos...

Quem diz que não é capaz

De sentir dos sentidos o seu poder

Nunca irá ter paz

Até ao dia de morrer

Ou assumes que não consegues sentir

Nem a lógica nem a razão

Porque consegues os sentidos sentir

Consegues te libertar dessa ilusão?

Ilusão que dos sentidos dependes

Será mesmo que me entendes?

Já perdeste algum dos teus entes queridos?

E se algum dia chegares a amar

E se essa pessoa te fizer chorar

Perceberás o que significa o poder dos sentidos...

Dor fingida...

Às vezes a dor que um poeta sente

Nem sempre é a verdade na sua plenitude

Por vezes um poeta também mente

Só tens de tentar perceber a sua atitude

Às vezes tenho necessidade de mentir

Para uma cruel verdade esconder

É mais fácil fingir sorrir

Do que desnecessariamente sofrer

Então qual a necessidade, qual a razão

Dessa dor fingida no coração

E que nos deixa a alma ferida?

Tenta no teu "pequeno mundo" te esconder

E um dia chegarás a perceber

O porquê dessa dor fingida...

Porquê?...

Se te dei todo o Amor

Que um Homem pode dar

Porque me deste essa dor?

Porque me fizeste chorar?

Fez chorar e ainda choro

Por não te poder ter

Volta. Apenas te imploro

Não me faças mais sofrer

Oh mágoa... Oh dor

Levem para longe esse malvado amor

Sou aquele que chora e ninguém vê

Queria apenas dessa dor poder fugir

E recuperar meu saudoso sorrir

E ando assim sem saber porquê...

Se a dor dum poeta falasse...

Ah... Se essa dor falasse

Compreenderias o que vai em meu ser

Talvez na minha dor te encontrasse

E entenderias esse meu sofrer

Sofro porque me abandonaram

Entregaram-me a uma eterna solidão

Nem sequer me avisaram

Que iriam rasgar meu coração

No meu "pequeno mundo" me refugiei

E lá sozinho bastante que chorei

E queria também que você chorasse

Espero que nunca venhas a entender

O que significa um poeta a sofrer

Ah... Se a dor dum poeta falasse...

Se Deus me ouvisse...

Se Deus me ouvisse

Acho que sei o que Lhe diria:

Senhor, ouviste o que essa dor me disse?

Acho que nem Ele entenderia

Deus não suporta a dor

Duma horrível injustiça imputada

Já não sei o que significa o Amor

Pois sem ela já não sou nada

Senhor, devolve-me aquela maldita Mulher

Hei-de aguentar-me como puder

Não ouviste o que a dor me disse?

Mas Oh Deus, eu não quero mais sofrer

É o que acabaria por dizer

Apenas se Deus me ouvisse...

Isolamento total

Tive de refugiar-me em meu ser

Para a fugir a uma horrível dor

Pensava que ela não me faria sofrer

Mas ela não teve nenhum pudor

Por lá dentro simplesmente entrou

Navegando descaradamente dentro de mim

Se soubesses o quanto ela me magoou

Foi simplesmente o princípio do meu fim

Fim? Ou princípio da mágoa?

Sozinho parti com meus olhos rasos de água

E espero que não me leves a mal

Tenho algo para te dizer

Que depois de te perder

Foste, e és, meu isolamento total...

Meu doce abrigo...

És meu isolamento total

És minha doce dor

E sinceramente não me leves a mal

Já foste um dia meu grande Amor

Em ti me refugiei

Em ti me escondi

Por ti tanto que já chorei

Desde o dia em que te perdi

Perdi-te para nunca mais te encontrar

E hoje sou eu que não consigo me achar

Já nem sei o que se passa comigo

Achei-te para me perder

E agora como posso eu entender

Que perdi meu doce abrigo?...

Anjo caído...

Um dia numa conversa com Deus

Perguntei-Lhe o significado do Amor

Ele acenou-me e disse-me "Adeus"

E senti que tinha Lhe dado uma grande dor

Naquela altura não percebi

Só mais tarde cheguei a entender

A dor de Deus em mim senti

E aos poucos comecei a sofrer

Realmente me apercebi

Que aquilo que naquele dia senti

Foi mágoa por um Amor perdido

Também Deus um dia já amou

Uma Mulher que tanto o magoou

E Ele virou um Anjo Caído...

Que se passa?!...

Porque tanto me pedem

Para parar de chorar?

Porque tanto me impedem

Dessa dor me poder livrar?

Quando choro alívio

Sim, alívio a minha mágoa

Se não choro atrofio

Ficando com meus olhos rasos de água

Mas nem que tenha de chorar eternamente

Hei-de tirar-te da minha mente

Nem que seja a última coisa que faça

Contra tudo e todos hei-de lutar

E hei-de finalmente dessa dor me libertar

Deus, mas que raio é que se passa?!...

Não posso aceitar...

Aceitar? Mas aceitar o quê?
Mas como queres que eu aceite?
Perdi-te, e perdi-me, sem saber o porquê
Como hei-de aceitar que essa dor me deste?

Ah!... Ah!... Hei-de rir-me dessa dor
Acho que até já me habituei
Mas porque raio existe o Amor?
Se por ele tanto que já chorei

Chorei mas não irei chorar mais
Nunca, mesmo jamais
Pois quero em paz voar

E essa dor hei-de a esquecer
E por mais que venha a sofrer
Simplesmente essa dor não a posso aceitar...

Que remédio...

Oh Deus, Tu sabes que não quis aceitar

A dor que simplesmente me deram

Tanto que me chegaram a magoar

Senhor, o que foi que me fizeram?

Tentei! Tu bem sabes que tentei

Fugir para longe dessa dor

Só Tu e eu sabemos o quanto chorei

Por ter perdido esse malvado Amor

Tanto que eu quis que essa dor passasse

E por mais que eu tentasse

Morreria. Morreria de tédio

Simplesmente tive de me resignar

E essa dor apenas engolir e aceitar

E suspirar: Uff, que remédio...

?...

Pensas que nunca reparei

Na tua estranha forma de ser?

Se soubesse quantas vezes já te olhei

Só para te tentar entender

Queria... Queria apenas perceber

O porquê desse vazio em teu olhar

Talvez parasses de sofrer

E conseguisses finalmente ser livre e voar

Quando há compreensão vai-se a dor

Foge a mágoa e vem o Amor

E nasce uma nova maneira de ser

Começa a andar e a pensar diferente

E vê se pões isso na tua mente

É aí que começas a crescer...

Pobreza dos sentimentos...

Tanto amor que eu te dei

E tu nem quiseste saber

Se sofri, se chorei

E como consegui sobreviver

Nunca quiseste saber de nada

Acho que nem sentimentos deves ter

Deixaste minha alma rasgada

Pela eternidade do meu sofrer

Por essa eternidade simplesmente vagueei

Filósofos e Poetas encontrei

No mais profundo dos meus pensamentos

Depoos de tanto pensar e filosofar

Uma última mensagem quero-te deixar

Que sejas feliz nesse tua pobreza dos sentimentos...

Chora...

Quando uma nova lágrima quer cair

Duas vezes ela chega a pensar

Será que me vão ouvir?

Ou simplesmente me rejeitar?

Mas rejeitando-a a dor torna-se mais forte

E dentro de nós ela vai crescendo

Ao ponto de se preferir a morte

Do que com ela ir vivendo

Mas chora. Chora que só te faz bem

E um dia hás-de conhecer alguém

Que nunca te faça sofrer

Pois essa coisa de chorar

É a nossa alma a aliviar

Toda a mágoa dentro do Ser...

(Portanto, chora!...)

Teu doce e lindo olhar...

Neste teu lindo e doce olhar

Me perdi e me encontrei

Acredita que até me apeteceu chorar

Ah... Acho que até chorei

Sim, chorei quando reparei

Em teu olhar uma doce inocência

Se soubesse o que eu já chorei

Ao perder um dia a minha essência

Minha essência um dia perdi

Se soubesse o que senti

Já nem consigo chorar

Pois depois de tudo o que chorei

Simplesmente acredita que me achei

Nesse teu lindo e doce olhar...

Na irrealidade do existir

Deus inspira-me no que faço

Acho que há um poeta em mim

E digo sem qualquer embaraço

Não queria que fosse assim

Mas que posso eu fazer

Se nasci assim sensível?

Será esse o meu eterno sofrer?

Mais será mesmo impossível

Impossível porque não sei

Se amo ou se já amei

Perdi-me na incógnita do porvir

E por mais que me queira libertar

Nesse mundo hei-de sempre morar

Lá na irrealidade do existir...

Teatro do Absurdo...

Realmente essa vida é um Teatro

Que nos tira da realidade

Às vezes até caio de quatro

Oh, da realidade não sinto saudade

Se a vida é apenas uma peça teatral

Então como podemos a realidade definir?

Caro leitor, não me leves a mal

Mas será a vida o que ainda está por vir?

Não sei mas também não quero saber

Talvez até venha a sofrer

Por isso nessa vida faço-me de surdo

Não quero á realidade voltar

Quero apenas no meu "pequeno mundo" morar

E fugir e esse Teatro do Absurdo...

.

Sentido da existência...

Certo dia pus-me a pensar:

"Oh Homem, porque existes?..."

Tive de parar de divagar

Pois Deus me perguntou: "Não desistes?..."

Pois é... Talvez Deus não quisesse

Que a Verdade fosse descoberta

Ah, se apenas eu pudesse

Olhar por aquela porta entreaberta

Olharia lá para dentro e veria

Tudo aquilo que não imaginaria

Que preencheria totalmente a minha essência

Então a Vida deixaria de ter significado

Deixaria de ser um Homem magoado

Pois saberia, e conheceria, o Sentido da Existência...

Vazio...

O tão desejado Sentido da Existência

Deus não mo quis revelar

Senti faltar algo na minha Essência

Para poder ser livre e voar

Se pudesse voar para longe fugiria

Para longe dessa amarga dor

Deus o que eu não faria

Para esquecer esse malvado Amor

Percorreria mundos e universos

E levaria esses meus versos

Para onde não sentisse frio

Mas enquanto esse dia não chega

Minh' alma apenas se aconchega

No refúgio desse imenso vazio...

Minha eterna filosofia...

Um dia meditei, meditei

E não cheguei a conclusão nenhuma

Então simplesmente chorei, chorei

Sem compreender coisa alguma

Aproveitei então essa dor

E mergulhei dentro de mim

Vi lá um perdido Amor

Que simplesmente me disse assim:

Quero encontrar a saída mas não consigo

Deus, mas que raio se passa comigo?

Minha alma até já atrofia

Porque não consigo dessa dor me libertar

É nessa pergunta que ando a divagar

Pois é essa a minha eterna filosofia...

Beco sem saída...

Hoje em dia paro e olho para trás

E vejo tudo o que os meus livros me deram

Sinto em mim alguma felicidade e paz

Mesmo fazendo o que me fizeram

Se ao menos pudesse voltar no tempo

Tanta coisa eu mudaria

Evitaria tanto contratempo

E nenhum livro escreveria

Por eles perdi aquela que mais amava

E já sem saber o que se passava

O tempo tinha mudado a minha vida

E por mais sucesso que tenha tido

Perdi tudo o que me era mais querido

E hoje vivo nesse beco sem saída...

No limite do existir...

Continuei constantemente a filosofar

E a pensar no motivo e na razão

Porque não conseguia eu me libertar

Daquela dor em meu coração?

Então a mim mesmo perguntei:

Porquê tanta confusão em meu ser?

E a resposta finalmente encontrei

Era uma nova desilusão que acabava de nascer

Então fugi a sete pés

Porque tu foste e ainda és

A mulher que me fez perder o sorrir

Foste aquela que me magoaste

Foste aquela que me abandonaste

Sozinho no limite do existir...

Vazio dessa vida...

Queria eu poder entender

Aquilo que hoje não consigo

Talvez começasse a perceber

Que raio se passa comigo

Navego nas razões do existir

E divago pela eternidade do meu ser

Será que um dia irei conseguir

Sair desse meu eterno sofrer?

Então quero achar uma razão

Do sentido de ser dessa desilusão

Para achar finalmente a saída

Quero sair dessa mágoa, dessa dor

E esquecer esse malvado Amor

E me perder no vazio dessa vida...

Encontro ao interior de mim...

Queria eu poder divagar

Bem dentro em meu ser

E finalmente poder lembrar

Como tudo chegou a acontecer

Prefiro talvez não esquecer

Será melhor recordar essa dor

Até não é assim tão mau sofrer

Antes sofrer só do que reviver esse Amor

Amor perdido lá longe no meu passado

E ainda hoje ando magoado

Porque teve de ser assim?

Queria eu perder-me em meu ser

E finalmente enterrar esse meu sofrer

Nesse encontro ao interior de mim...

Dor entreaberta...

Viajei ao interior de mim

Para tentar encontrar a razão

Como tudo acabou assim

Nessa dor e desilusão?

Ah... Gritei, chorei, esperneei até

Como puderam isso comigo fazer?

Nem sei como ainda me aguento de pé

Às vezes apenas me apetece morrer

Mas morrer de nada serviria

Essa dor comigo a levaria

Deixando na mágoa uma janela aberta

Essa mágoa eternamente me espreitava

E já morto sem saber o que se passava

Ficaria em mim essa dor entreaberta...

Aceno à inconsciência...

No meu inconsciente mergulhei

E divaguei dentro do meu vazio

Oh, tanto que amargamente chorei

Estou só, carente e com frio

Tentei me aquecer mas de nada adiantou

Tão grande era o frio que lá estava

Tanto que essa dor me magoou

E eu sem saber o que se passava

Então gritei aos Céus e a Deus perguntei:

Já não basta o quanto me magoei

Apenas quero recuperar minha essência

Deus limitou-se a não responder

Resignou-se e partiu, vendo-me a sofrer

Nesse meu aceno à inconsciência...

.

Minha dor suprema...

Deus criou o Homem para que fosse feliz

Então como explicas, Oh Deus

Que essa dor em mim já criou raiz

E o Amor disse-me Adeus?

Dei tudo o que tinha e o que nunca tive

E a mim tudo me tiraram e nada me deram

Abandonaram-me mas minha personalidade mantive

Senhor, Tens noção do que me fizeram?

Nem sequer chegaram a pensar

Na mágoa que acabavam de me dar

E hoje faço dessa dor o meu tema

Tema para escrever e tentar definir

O que faço para recuperar meu sorrir

E sair dessa dor suprema?...

Consciência incerta...

No inconsciente do meu ser

Algo estranho lá encontrei

O que me estaria a acontecer

Então olhei, parei e pensei

Oh, mas que raio se está a passar?

Não é suposto isso estar acontecendo

Será que sou eu de novo a divagar?

Ou estou eu mesmo de novo sofrendo?

Ei pá, nem queria acreditar

De novo recomeçava a chorar

Pois vi aquela minha dor entreaberta

Fecha dor essa tua porta em meu ser

Porque tanto me fazes sofrer

Deixando-me nessa minha inconsciência incerta?...

Minha consciência do sofrer...

Nessa minha inconsciência incerta

Houve nela algo que reparei

Lá ao longe uma porta aberta

Para um sitio onde nunca espreitei

Dirigi-me para essa porta e vi

O que nunca esperaria que lá estivesse

Ah, se soubesses o que senti

Como explicar se eu pudesse?

Dei conta de quão grande era a minha dor

E acredita meu amigo e caro leitor

Nem sabes o que cheguei a ver

Ah... Mas tive de ver para a acreditar

Doeu-me tanto mas aguentei-me para não chorar

Vi simplesmente minha consciência do sofrer...

Minha consciência de mim...

Tive consciência do meu sofrer

Hoje finalmente já percebi

Que aconteça o que acontecer

Tenho de admitir que perdi

Perdi?... É relativo isso pensar

Só perdi porque acabei por sofrer

Dei tudo o que tinha para dar

Afinal o que tinha a perder?

E sofria porque não merecia

Aquela dor que em mim nascia

Mas infelizmente houve um fim

Mas eu nada pude fazer

Mas finalmente cheguei a perceber

Tive, e tenho, minha consciência de mim...

Luto infinito...

Pela imensidão do infinito

Percorre o desepero dos meus versos

E já cansado solto mais um grito

Que percorre mundos e universos

Esse grito simplesmente me atravessa

E na imensidão do meu Ser

Não há nada que não te peça

Para poder parar de sofrer

Quero me libertar desse horrível sentimento

Que aos poucos ocupa meu pensamento

E que me faz soltar um novo grito

Grito esse que percorre o meu vazio

Estou carente, só e com frio

Nesse meu luto infinito...

Na forja das emoções...

Tive consciência de mim

E desse meu amargo sofrer

Mas finalmente enfim

Comecei aos poucos a perceber

Não vale a pena tentar esquecer

Pois minh' alma essa dor assimilou

Será que um dia irei finalmente perceber

Ou simplesmente esquecer o que se passou?

Difícil será não recordar

Essa Mulher que tanto me fez chorar

Mas que um dia uniu nossos corações

Mas como posso meu sofrer fingir

Se por ela perdi o meu sorrir

E refugiei-me na forja das emoções?...

Acaso das sensações...

Ah, ah... Quero rir-me dessa dor

Que tanto tentou me derrotar

Tenho de encontrar um novo Amor

Que me faça não recordar

Mas ninguém faz o lugar de ninguém

Ninguém é substituivel

Tentar substituir alguém

É desafiar o impossivel

E o impossivel não se desafia

De repente tua alma atrofia

E também te refugias na forja das emoções

E ai o que vais fazer?

Vais impedir que posas sofrer?

Não! Isso é apenas o acaso das sensações...

Angústia excessiva...

Um dia encontrei a dor

Lá passava ela no meu caminho

E sem nenhum escrúpulo ou pudor

Não me quis deixar sozinho

Então apenas lhe perguntei:

O que fiz para te merecer?

Oh dor, tanto que te evitei

E apenas me fazes sofrer

Ela apenas me respondeu:

Apenas te tirei o que era meu

Pois andavas numa felicidade passiva

Espero que um dia possas perceber

Porque tiveste de sofrer

Nesta minha doce angústia excessiva...

No frio daquele horizonte...

Sentei-me numa praia deserta

E mergulhei dentro dos meus pensamentos

E de novo na minha consciência incerta

Confundi todos os meus sentimentos

Sentimentos? Como se conseguem definir?

Definir? Será que é mesmo possível?

Quem é o Homem para tentar conseguir

Atingir o inatingível?

Inatingível sou eu que não consigo

Perceber o que se passa comigo

Ando com meus sentimentos a monte

Apenas queria parar de sofrer

E simplesmente conseguir entender

O que senti no frio daquele horizonte...

Meu eterno dilema...

A insegurança tomou conta do meu ser

E a lágrima já chegou a cair

Sentiste? Sentiste como ela faz doer?

Por ti, até perdi o meu sorrir

Dor que invadiu minha alma

Alma perdida no vazio do infinito

Apenas preciso tomar calma

Ou simplesmente soltar um grito

Grito de desespero e dor

Por ter sofrido por esse malvado Amor

Dor essa que amavelmente me deste

Diz-me o que faço agora sem ti?

E tudo o que por ti não vivi

Como foi que tu pudeste?...

Te perdi?...

Claro que houve outra no meu passado

Mas se ela fosse assim tão importante

Não me deixaria assim tão magoado

A viver com essa dor tão angustiante

Pobre de mim que não consigo

Achar quem me compreenda

Deus, mas que raio se passa comigo?

É algo que até Deus talvez não entenda

Até para Deus é difícil compreender

Que um novo Amor acabou por nascer

Logo na primeira vez que te vi

E agora que te amo e que te tenho

Tudo aquilo que eu mais temo

É sentir que te perdi...

Abismo profundo...

Mergulhei dentro em meu ser

À procura do motivo e da razão

De tanto andar a sofrer

E de viver naquela desilusão

Surpreendi-me quando simplesmente vi

Toda a mágoa e toda a dor

Se soubesses o que senti

Ao perder aquele Amor

Caí no vazio do infinito

E desesperado soltei um grito

E refugiei-me no meu "pequeno mundo"

E pela eternidade do meu sofrer

Hei-de navegar até morrer

Nesse meu abismo profundo...

Mágoa incerta...

Encontrei-me no mundo da dor

Acompanhado da minha amiga solidão

Estava à procura dum novo Amor

Que não me rasgasse o coração

Pois o último Amor que por mim passou

Apenas, e simplesmente, me fez sofrer

Tanto que essa Mulher me magoou

Deixando-me só na eternidade do meu ser

Sozinho nessa dor naveguei

Se soubesses o quanto chorei

Ainda hoje tenho essa ferida aberta

E por mais que a tente fechar

Só consigo sofrer e chorar

Nessa minha triste mágoa incerta...

No vazio do meu ser...

Quis libertar-me duma mágoa

E apenas consegui frustração

E com meus olhos rasos de água

Derramei meu pobre coração

Fechei-me nos castelos da tristeza

E rodeei-me dos muros da amargura

E ainda hoje vivo na incerteza

De recuperar teu Amor, carinho e ternura

A dor foi tão forte

Que cheguei a desejar a morte

Se soubesses o que cheguei a sofrer

Quero ao mundo inteiro gritar

Bater asas e finalmente poder voar

Para onde vivo... No vazio do meu ser...

Palavra magoar...

Nem vale a pena tentar

Pensar no que se passou

Para quê continuar a pensar

Em algo que tanto me magoou?

Mágoa? Estranha palavra que não consegue

Te definir tudo o que sinto

Amigo leitor, será que você percebe?

Consegue perceber que não lhe minto?

Também como pode um poeta mentir

Se é nessa estranha forma de sentir

Que me consigo encontrar?

Então como posso eu saber

Se esse meu desesperado sofrer

Se define na palavra magoar?...

Labírintos de Deus...

Dez da manhã. Simplesmente acordo

Para essa irrealidade do existir

Se soubesses como ainda te recordo

Nessa minha estranha forma de sentir

Sinto o que quero

E quero o que não posso ter

E tudo aquilo que mais espero

Acaba simplesmente no querer

Porque infelizmente nem sempre se tem

O que se espera nunca vem

E à felicidade dizes Adeus

Deixas de existir para simplesmente viver

E nunca chegas a compreender

Porque te perdes nos Labírintos de Deus...

Noite infinita...

A escuridão da noite em mim desceu

E uma imensa mágoa tomou conta do meu ser

Já nem sei o que me aconteceu

Apenas o suficiente para me fazer sofrer

Maias forte do que essa mágoa

Foi não saber o motivo nem a razão

E com meus olhos rasos de água

Mergulhei naquela horrível desilusão

Desilusão que me acompanhava

E sem saber o que se passava

Minha alma até hoje ainda grita

Quem me dera poder saber

A melhor forma de parar de sofrer

E sair dessa noite infinita...

Mágoa imensa do mundo...

O mundo não tem culpa, eu sei

Por essa minha estranha forma de sofrer

Se sofri, se chorei

Nem eu consigo perceber

É um misto de mágoa e dor

E o mundo culpa não tem

Por ter perdido aquele Amor

Sinto que sem ela já não sou ninguém

Então como pode o mundo ter

Culpa dessa minha estranha forma de viver

E de morar nesse abismo profundo?

Queria apenas ser livre e voar

E finalmente poder me libertar

Dessa minha mágoa imensa do mundo...

Madrugada da vida...

Um dia simplesmente acordei

E tentei uma explicação encontrar

Tão desiludido eu fiquei

Por não conseguir a achar

Há coisas que não têm explicação

E que nem valem a pena tentar

Encontrar o motivo nem a razão

Por tanta lágrima derramar

Então resigna-te e chora

E no teu coração apenas ora

Tentando sair desse beco sem saída

E antes que possas perceber

Verás que acabou de nascer

Uma nova madrugada da vida...

Angústia aberta...

Há quem me chame de "Poeta da Dor"

E quem diga até que apenas sei sofrer

Que não sei o que é o Amor

E que nunca chegarei a crescer

Mas Jesus disse um dia:

"Agradece o teu sofrimento"

Agora recordo o Mestre com nostalgia

E guardo isso em meu pensamento

Sofrendo choras e começas a te purificar

E uma nova esperança aparece no ar

E algo novo em ti desperta

Mas enquanto esse dia não chega

Minha alma apenas se aconchega

Nesses versos soltos nessa angústia aberta...

O solitário...

"Passo triste na vida e triste sou"

Florbela Espanca *disse isso um dia*

Será que ela sabia quem me magoou?

Só de pensar nisso minha alma até atrofia

Claro que ela não podia saber

Talvez ela conhecesse o sofrimento

De navegar na eternidade do ser

Vagueando nesse eterno pensamento

Antes viver só e ser feliz

Do que uma dor criar raiz

E fazer parte do teu rosário

Dói muito a eterna solidão

Antes viver na amarga desilusão

De me chamarem "O solitário"...

Um caso arrumado...

Fechei-me na resignação de te ter perdido

E simplesmente aceitei que nada pude fazer

Perdi tudo o que me era mais querido

Mergulhando só no vazio do meu ser

Quanto mais eu tentava lutar

Mais desesperado consequentemente ficava

Porque simplesmente não conseguia encontrar

Nenhuma explicação para o que se passava

Não tive outro remédio senão aceitar

Que essa dor viesse em mim morar

E acabei por ser um Homem magoado

E por mais que tente compreender

Tive de aceitar que tive de te perder

Para poder arquivar mais um caso arrumado...

O solitário...

Aos Céus bradei e nada ouvi

Nenhuma resposta Deus me deu

Se soubesses o que eu senti

Já nem sei o que me aconteceu

Desesperado simplesmente fiquei

E fiz disso uma forma de vida

No meu "pequeno mundo" me refugiei

E fechei-me naquele beco sem saída

Beco?!... Sei lá!... Sei lá onde me meti

Só eu sei o que não vivi

E hoje vivo simplesmente desencontrado

Perdi-me para que me pudesse encontrar

E hoje sozinho sem conseguir amar

Sou apenas o desprezado...

Pela estrada fora...

E desesperado fui caminhando

Pelos caminhos da amargura

E pelos caminhos fui encontrando

Tudo menos teu Amor, carinho e ternura

Até alucinações cheguei a ter

E simplesmente já nada sabia

Esperava que algo novo viesse a nascer

Mas eu já nada sentia

Mas mesmo sem nada sentir

Tentei conservar meu último sorrir

Mas vivo sem saber o que fazer agora

Não sei onde irei parar

Mas enquanto a resposta não encontrar

Vou caminhando pela estrada fora...

Sensações desencontradas...

Perdi a capacidade de amar

Pois alguém roubou minha essência

Hoje já nem consigo chorar

Tive de superar o poder dessa ausência

Ausência? O que isso quer significar?

É uma pergunta que me faço

Não consigo a resposta encontrar

E digo isso sem qualquer embaraço

Será que é embaraçoso não saber

O caminho que se há-de escolher

Quando existem tantas estradas?

Tanto caminho por descobrir

Tanta forma estranha de sentir

Nessas minhas sensações desencontradas...

Preso à saudade...

Se soubesses no abismo que mergulhei

E a extrema dor que lá senti

Se ao menos soubesses o quanto chorei

E o que por ti não vivi

Mas tento esquecer esse Amor

Tento desprender-me do meu passado

Daquele horrível e louco Amor

Que apenas me deixou magoado

Então peço a Deus a Sua ajuda

Ele ou alguém que me acuda

Antes que perca minha sanidade

Antes enlouquecer do que esse Amor reviver

Quero libertar-me e esquecer

Que estou preso à saudade...

Resto do mundo...

Ofereceram-me uma grande dor

E senti-me injustiçado

Isso não é, nem nunca será, Amor

Amor não deixa ninguém assim magoado

Então, e tudo o que nós vivemos?

Todos os momentos lindos que passamos?

Tudo o que um pelo outro fizemos?

E o quanto nos amamos?

Tanto Amor para nada, tudo em vão

E de tudo apenas restou desilusão

E herdei esse corte profundo

Se soubesses as lágrimas que derramei

E a raiva que definitivamente ganhei

Por todo o resto do mundo...

Nada restou...

No limiar daquela dor

Daquela dor que me deixaste

Abriu uma mágoa em flor

E uma lágrima que beijaste

Lágrima ardente dentro de mim

Estrela cadente do meu ser

E tudo acabou enfim

Nesse vazio do perceber

Mas não há nada a entender

Porque por mais que tente perceber

A mágoa simplesmente lá ficou

E a lágrima que tu beijaste

E a mágoa que me deixaste

Me contaram que nada restou...

Dor ás cambalhotas...

Tal como um palhaço

Tento rir em vez de chorar

Arranjo por vezes nervos de aço

Para poder apenas continuar

Quero continuar mas não consigo

Já não sei o que hei-de fazer

Mas que raio se passa comigo?

Porque ando eu aqui a sofrer?

E essa dor em mim criou raiz

E o que sinto a ninguém se diz

Até o diabo fugiria de botas

Gostaria de saber se se aguentava

Se fugiria ou se, quem sabe, até orava

Para sair do meio dessa dor às cambalhotas?...

Dor contida...

Ah... Ah... Ah... Deixem-me rir

Deixem-me rir por favor

Talvez até seja melhor sentir

Dessa forma essa horrível dor

Chorar já não faz efeito

Já desisti de chorar

Essa dor que trago ao peito

Veio definitivamente para ficar

Até a Deus perguntei:

Tens a noção do quanto penei?

E ainda nem encontrei a saída

Quisera eu ser livre e voar

E finalmente me poder libertar

Dessa minha horrível dor contida...

Comboio de sensações...

Há tanta gente para aí a dizer

Que a Vida é linear

Vamos tentar juntos perceber

A história que vos vou contar

E digo "juntos" porque eu

Também ainda não a percebi

Pensa que o que era meu

Nunca perderia como o perdi

E por falar em perder

Amigo leitor, consegues-me perceber?

E explicar-me o que são as emoções?

Ou então, como eu, não consegues explicar

Porque sofres tanto ao chorar

Nesse comboio de sensações?...

Sol da madrugada...

Há quem goste de sofrer

Há até quem goste de chorar

Vá-se lá essa gente perceber

Como conseguem aguentar?...

Será fé ou uma louca esperança

De que amanhã será melhor?

Ou tal como uma criança

Não querem acreditar que será pior?...

Mas tal como Jesus disse um dia:

"Filho, não vivas da nostalgia

De repente morres e és nada

Então vive a vida no seu esplendor

Descobre e vive intensamente o Amor

Pois já nasce o sol da madrugada...

Busca desenfreada...

Mergulhei dentro de mim

À procura da solução para essa dor

Tentei achar um fim

Ou uma lógica para esse Amor

Nem fim nem lógica encontrei

E desesperado voltei à realidade

Se soubesses as coisas que por lá encontrei

De lá voltar não sinto saudade

Do meu Ser apenas consegui trazer

Toda a dor, todo o sofrer

De uma alma eternamente amargurada

Por lá deixei eu o meu sorrir

E por fim tive de desistir

Dessa minha inútil busca desenfreada...

Minha vida passada...

Depois de mergulhar na dor

De lá não quis sair

Se saísse encontraria novo Amor

E talvez até voltasse a sentir

Imagina se isso acontecesse

Quem sabe de novo me apaixonaria?

E algo que realmente temesse

De novo me aconteceria?

Dejá-vú? Ou simples ignorância?

Seria o mesmo que voltar à infância

E minha luta não valeria nada

Voltar ao passado só em meditação

Quem sabe para tentar sair dessa desilusão

Que trago comigo da minha vida passada?...

Atelier das Emoções...

Lá ao longe alguém chorava

E mais perto alguém sorria

E eu sem saber o que se passava

Aqueles quadros simplesmente eu via

Era uma exposição de sentimentos

Emoções, dores e mágoas

E fixava nos quadros meus pensamentos

Com meus olhos rasos de água

E sem saber como sair

Perdi também lá o meu sorrir

E alterou-se-me as minhas sensações

E à dor que lá estava perguntei:

Amiga, onde foi que eu calhei?

Respondeu-me: No Atelier das Emoções...

Custe o que custar...

Custe o que custar

Dessa dor hei-de sair

Hei-de voltar a chorar

Hei-de voltar a sorrir

Já nem me lembro de como se chora

E de rir então nem se fala

Dentro de mim há uma voz que ora

Voz essa que nunca se cala

É o meu inconsciente a me dizer:

Poeta, para de sofrer

Um dia irás te libertar

Hás-de lutar até contra o tempo

Suportar qualquer contratempo

E irás conseguir custe o que custar...

Se o meu silêncio pudesse falar...

Se o meu silêncio pudesse falar

Me pergunto o que diria

Talvez ele pudesse calar

A mágoa que sentiria

O silêncio guarda muita mágoa, muita dor

Então porque tenho de explicar

Porque sem escrúpulos e sem pudor

Que o silêncio pode magoar?

No meu silêncio uma dor refugiei

Se soubesses o quanto chorei

E o quanto ainda ando a chorar

E por mais que tentes perceber

Só eu, e apenas eu, sei entender

O que diria se o meu silêncio pudesse falar...

Isto que sinto...

Ah, se realmente uma lágrima pudesse levar

Toda a dor que se encontra em meu ser

Talvez um dia acabasse por me libertar

Dessa magia que tanto me faz sofrer

Correria pela chuva e gritaria ao vento

Sou feliz... Finalmente posso sorrir

Hoje apenas quero viver o momento

Tens noção do que estou a sentir?

Mas são vãs as palavras e fracas as emoções

E essa vida só te traz desilusões

E diz-me lá se eu te minto

E se uma lágrima essa dor pudesse levar

Talvez ela também começasse a chorar

Ao contar-te isto que sinto...

A chuva a cair...

Coma chuva vem a nostalgia

Dos tempos longínquos que já lá vão

E o vento quando assobia

Traz recordações ao coração

E ao querer libertar a dor

Palpita o coração mais forte

E querendo evitar o Amor

Chega-se a desejar a morte

E quando me sinto assim

Chego a ter pena de mim

E de novo deixo de saber sorrir

Não sei se hei-de rir ou chorar

Quando essa dor tenta se libertar

Quando ouço lá fora a chuva a cair...

No crepúsculo do meu ser...

No crepúsculo do meu ser

Uma dor lá escondi

Na esperança de não mais a ver

E fui eu que me perdi

Tanto que eu fugi

Mal sabia eu que era em vão

Só eu sei o que senti

Ao saborear aquela desilusão

Tentei fugir ao meu passado

E ainda hoje ando magoado

Sem saber o que fazer

Meu passado me quis perseguir

Me encontrou e eu não soube reagir

Ficando perdido no crepúsculo do meu ser...

Última esperança...

Acorrentaram-me no mundo da incerteza

E lá me deixaram sem nada me explicar

De mim se apoderou uma amarga tristeza

E ainda hoje ando a chorar

Pelos caminhos da dor me perdi

E na amargura me encontrei

Só eu sei o que senti

Só eu sei o quanto chorei

Até que encontrei alguém que me compreendeu

E que me devolveu tudo o que era meu

E hoje sou feliz como uma criança

E com essa felicidade hoje eu vou vivendo

E nela vou-me aos poucos escondendo

Nesse minha doce e última esperança...

Tua ausência...

Como posso te definir

As saudades que tive de ti?

Agora já posso sorrir

Pois finalmente já te vi

As saudades que tive de aguentar

E todo esse tempo sem te ver

Meus olhos não se cansaram de chorar

Passei dias inteiros e noites inteiras a sofrer

Mas agora que te tenho e que te quero

Tudo aquilo que eu mais espero

É que preenchas minha essência

Pois só eu sei o que passei

E todas as lágrimas que derramei

Por sentir a tua ausência...

Neste meu castelo...

Lembro-me que um dia quis teu Amor

Quis pertencer a esse teu mundo

E tudo o que me deste foi dor

E um grande corte profundo

Preferia nunca te ter tido

Do que te ter tido e te perder

Perdi tudo o que me era mais querido

E ainda hoje ando a sofrer

E nessa dor eu vou vivendo

E com ela eu vou crescendo

Em direcção da incerteza

E inseguro eu me sinto

E bem sabes que não te minto

Vivo no castelo da tristeza...

Em teus braços morrer...

Tu que já foste minha

Minha razão de viver

E hoje minha' alma vagueia sozinha

Pela eternidade a sofrer

E sofro por não te ter

E porque um dia te perdi

E o que posso eu fazer

Para não sentir o que senti?

E hoje não sei o que quero

Mas aquilo que mais espero

É um dia te voltar a ter

Te beijar e em teus braços cair

Aprender de novo a sorrir

E chorando em teus braços morrer...

Pena de mim...

Quero o que não posso ter

E tenho o que não quero

Não queria mas ando a sofrer

Por não conseguir o que mais espero

E espero mas não consigo

Perceber o que me aconteceu

Mas que raio se passa comigo?

Meu coração já não é meu

Se ao menos pudesse ter

O antídoto para não sofrer

Não sofreria tanto assim

Talvez até fosse mais feliz

E o que sinto a ninguém se diz

Chego até a ter pena de mim...

Minha nostalgia fingida?...

O poeta é um fingidor

Finge tão completamente

Que chega a fingir que é dor

A dor que deveras sente

São palavras do grande Mestre

Que tem por nome Pessoa

E essa minha dor tão agreste

Só a mim me magoa

Mas será que é mesmo mágoa

Ou dos meus olhos caiem simplesmente água

Duma dor deveras sentida?

Posso estar a mentir

Ou simplesmente estar a fingir

Essa minha nostalgia fingida...

Saborear esta minha dor...

Num passado bastante recente

Um favor me fizeram

Gravaram em minha mente

Uma amarga dor que me deram

E nada eu pude fazer

Simplesmente tive de aceitar

E saborear esse meu sofrer

Mergulhado no meu chorar

E essa dor eu a aceitei

Se soubesses o quanto chorei

Ao perder o teu Amor

E agora que só me resta sofrer

A única coisa que posso fazer

É saborear esta minha dor...

A leveza do amar...

Há coisas que nos fazem pensar

Há coisas que nos fazem sorrir

Há coisas que nos fazem chorar

Há coisas que nos fazem sentir

Mas é principalmente nos pensamentos

Que existem sorrisos escondidos

E os teus mais puros sentimentos

Não seguem caminhos perdidos

Existem caminhos que não se seguem

Pensamentos que não se pedem

Mas que nos fazem sorrir ou chorar

Existem sentimentos que não se devem sentir

Mas que definitivamente nos fazem subir

Na extrema leveza do amar...

Saber amar...

Amar?... O que significa amar?

Não sei!... Talvez nunca venha a saber

Se amar é apenas chorar

E apenas nos faz sofrer

Será só isso o Amor?

Não!... Recuso-me a acreditar

Não pode existir só dor

Não pode haver só chorar

Para mim amar é muito mais

Do que gemidos perdidos e "Ais"

É muito mais do que simplesmente chorar

É dar mas é também saber receber

Estar sempre lá sem nunca fazer sofrer

Isso sim é realmente saber amar...

Não! Não quero saber...

Na irrealidade do existir

Naveguei para lá da dimensão

Por uma mágoa deveras sentir

Atravessada em minha mente e coração

Tão grande foi o sufoco que eu passei

Que nem te sei explicar

Tantas foram as lágrimas que chorei

E as que ainda ando a chorar

Tive de voltar a essa realidade

E de lá ir não guardo saudade

Antes nessa realidade viver

Não quero mais lá voltar

Para não voltar a chorar

Não!... Seria voltar a sofrer...

Não sei...

Não sei o que hei-de escrever

Não sei o que hei-de falar

Se hei-de falar de meu sofrer

Ou simplesmente em silêncio chorar

Não consigo esconder a minha dor

Não consigo recuperar meu sorrir

Até já tenho medo do Amor

E de um dia o voltar a sentir

Hoje sou um Homem magoado

Pois magoaram-me no passado

E desde ai nunca mais amei

E hoje em dia se quisesse amar

Não saberia parar de chorar

E amar já não sei...

Minha estranha forma de ser...

Nesta minha estranha forma de ser

Encontrei uma agradável forma de estar

Uma maneira de não mais sofrer

Uma forma de não mais chorar

Refugio-me dentro de mim

E faço uma viagem ao meu interior

E lá no princípio do meu fim

Descobri o significado da palavra Amor

E agora que sei o que é amar

Não me importa nada chorar

Pois é assim que vou crescer

Da mágoa vou-me libertando

E aos poucos eu vou amando

Nesta minha estranha forma de ser...

Minha agonia...

Sem querer e sem pensar

Dessa realidade sai

E dei por mim a divagar

E nem sabes como me senti

Perdido e sem saber

Para onde me dirigir

Naveguei no Cosmos do Ser

Na irrealidade do existir

E a esta realidade não quis mais voltar

Voltaria de novo a chorar

E minha paz acabaria

Antes vaguear só em meu ser

Ser livre e em paz morrer

Na loucura dessa agonia...

A resposta?...

Amigo leitor, tenho obrigação de lhe dizer

A resposta que tanto quer ouvir

Se recuperei de meu sofrer?

Se recuperei o meu sorrir

Sim... Sofri muito mas recuperei

Chorei bastante mas soube superar

E todas as lágrimas que derramei

Valeram a pena derramar

Chorando simplesmente consegui

Recuperar tudo o que perdi

E até faço consigo uma aposta

Se até minha essência perdi

E depois de toda a dor que senti

Lhe pergunto: Qual é a resposta?...

Alma ferida...

A dor me fez companhia

Em cada dia que vivi

E hoje essa triste melancolia

Mostra uma parte do que senti

E digo apenas uma "parte"

Porque tudo nunca te mostraria

Acredita que saber sofrer é uma arte

Arte que pertence á utopia

Utopia perdida na eternidade do meu sofrer

E hoje só navegando no Cosmos do meu Ser

Vagueio minh' alma no vazio perdida

E por mais que te queira explicar

Nunca irás simplesmente acreditar

Que ainda hoje tenho minha alma ferida...

Última mensagem...

Amei-te tanto no meu passado
E hoje já nem te consigo ver
Pois hoje vivo só e magoado
Na eternidade do meu sofrer

Refugiei-me dentro de mim
E hoje não sei como sair
Foste, e és, o princípio do meu fim
E hoje simplesmente não consigo sorrir

Sorriso que um dia me deste
Mas perdi-te! O que foi que me fizeste?
De nós apenas restou uma miragem

Mas apesar de sofrer constantemente
Hei-de amar-te eternamente
E é esta a minha última mensagem...

Frase de encerramento

Que o grito do teu EU se possa ouvir mais alto do que todas as tuas tristezas. E que esse grito ecoe pelo universo para todo o sempre..."

Zeca Soares

Zeca Soares

Biobibliografia

Livros

"Essência perdida" - (Poesia - *Edição de autor*)

"Lágrimas de um poeta" - (Poesia - *Edição de autor*)

"Alma ferida" - (Poesia - *Edição de autor e 2ª edição Amazon - USA*)

"Ribeira Grande... Se o teu passado falasse" - (Pesquisa histórica - *Edição de autor*)

"Diário de um homem esquecido" - (Prosa - *Editora Ottoni* - São Paulo-Brasil)

"Numa Pausa do meu silêncio" - (Poesia - *Edição de autor e 2ª edição*

Amazon - USA)

"Libertei-me por Amor" - (Romance - *Papiro Editora* - Porto, e Amazon -

Washington)

"A Promessa" - (Romance - *Edições Speed* - Lisboa, *Edições Euedito* - Seixal e

Amazon - E.U.A.)

"Mensagens do meu Eu Superior" - (Esotérico/Espiritual - *Amazon* – E.U.A)

"Amei-te, sabias?" - (Romance - *Amazon* - E.U.A.)

"Quase que te Amo" - (Romance - *Amazon* - E.U.A.)

"Tão perto, tão longe" - (Romance - *Amazon* - E.U.A.)

"Para Sempre" - (*"Mensagens do meu Eu Superior 2")* - (Esotérico/Espiritual -

Amazon - E.U.A.)

"Carpe Diem" - (*"Mensagens do meu Eu Superior 3")* - Esotérico/Espiritual -

Amazon - E.U.A.)

"O Escriba" - ("Poesia" - *Amazon* - E.U.A.)

"O Céu não fica aqui" - (Romance - *Amazon* - E.U.A.)

"Eu tive um sonho" - (Romance - *Amazon* - E.U.A.)

"O livro que nunca quis" - (Romance - *Amazon* - E.U.A.)

"Conheci um Anjo" - (Romance - *Amazon* - E.U.A.)

"Já posso partir" - (Romance - *Amazon* - E.U.A.)

Colectâneas

"Poiesis Vol X" - (*Editorial Minerva* - 57 autores)

"Poiesis Vol XI" - (*Editorial Minerva* - 67 autores)

"Verbum - Contos e Poesia" - (*Editorial Minerva* - 20 autores - Os Melhores 20

Poetas de Portugal)

" I Antologia dos Escritores do Portal CEN" - Os melhores 40 Poetas

Portugal/Brasil - *Edições LPB* - São Paulo - Brasil).

"Roda Mundo - Roda Gigante 2004" - (Os melhores 40 Poetas do Mundo, que

foram apurados do **3º Festival Mundial de Poesia** de S. Paulo, em que Zeca

Soares representa sozinho Portugal nessa colectânea - *Editora Ottoni e Editora*

Sol Vermelho - SP - Brasil. Colectânea bilingue distribuída por 43 países - (os

países de origem dos poetas vencedores)

"Agenda Cultural Movimiento Poetas del Mundo 2015" - *(Colectânea*

Internacional de Poesia em que engloba alguns dos melhores poetas do

mundo **- Apostrophes Ediciones - Chile 2015)**

 "Tempo Mágico"- Colectânea Nacional de Poesia e Prosa Poética, que

engloba alguns dos melhores Poetas e Prosadores do pais intitulada **"O Tempo**

Mágico" *- (***Sinapis Editores)**

Concursos

- *Concurso Nacional de Pesquisa História*. Zeca Soares concorreu com o seu livro *"Ribeira Grande... Se o teu passado falasse..."*, na corrida ao **Prémio Gaspar Fructuoso**, com o seu livro de 660 páginas de História da cidade da Ribeira Grande, em que arrecadou o 4° lugar)

- *Concurso Nacional de Guionismo -* (Inatel)

- *Concurso Nacional de Guionismo - "Melhor Guionista Português" -* (Lisboa)

- *Concurso Nacional de Poesia Cidade de Almada Poesia 2003 -* (Almada)

- *Concurso Nacional de Poesia Manuel Maria Barbosa du Bocage -* (Setúbal)

- *Concurso Internacional de Poesia Livre* na corrida ao *Prémio Célito Medeiros* (SP - Brasil)

- *Concurso Internacional de Poesia Pablo Neruda -* (SP - Brasil - Junho 2004)

- *I Concurso Internacional de Literatura da Tapera Produções Culturais -* (SP - Brasil)

- *IX Concurso Internacional Francisco Igreja -* (SP- Brasil)

- *V Concurso Literário do Grande Livro da Sociedade dos Poetas Pensantes -*

(SP-Brasil-)

- *3ºFestival Mundial de Poesia* - (SP- Brasil -Verão 2004)

- *4ºFestival Mundial de Poesia* - (Chile -Verão 2005)

- *Concurso Nacional "Meu 1º Best Seller"* com organização das **Edições ASA** -

com o seu conto *"Libertei-me por Amor…"* - ficando nos primeiros 10 finalistas

entre mais de 2000 Romances de todo o país.

- **Concurso Prémio Literário Miguel Torga** - Concorreu com o romance *"A*

Promessa"

- **Amazon Breaktrough Novel Award 2004 -** Entre mais de 10 mil Escritores de

todo o Mundo, Zeca Soares passou aos quartos-de-final com o seu romance

"A Promessa"

Made in the USA
Middletown, DE
20 November 2022